JN212447

# おやつとスプーン

川地あや香
Kawachi Ayaka

# ごあいさつ

こんにちは、川地あや香です。

金工作家であり、お菓子作家でもあります。

カトラリーやトレイ、菓子作りの道具などを制作しつつ、お菓子屋としても仕事する、というスタイルになったのは、東京から山形に移住した8年前ごろからです。

夏は暑く、冬は雪深く、1年で景色も大きく違うので、季節に添って仕事することも自然なことになってきました。


地道な作業の間の、休憩時間を大事にしています。

疲れてきた自分のためにおやつを作っておこうという対策は、一人暮らしをしていた時代から同じです。

食べることが息抜きになる日もあれば、粉を混ぜて生地をのばす作業そのもので心が落ちついていく日もあります。

自分で自分のバランスを調整する手段の1つです。


気分転換に作ってきた家のおやつを、写真にとり、季節ごとにまとめました。

川地あや香

# もくじ

## 春 spring



## 夏 summer

## 秋 Autumn



## 冬 Winter

素材は、国産小麦粉や米粉、
甜菜糖やきび砂糖に、
植物油をベースとしています。
生クリームやバター、
卵を使ったお菓子を食べる日もありますが、
自分で作るときはほとんど使いません。
いつも決まったシンプルな
基本材料で取り組む方が楽ですし、
粉や素材そのものの味をより感じられる、
素朴なお菓子が、好きだからです。

大人も子供も一緒に満足できるもの。
おやつとおかずの間のようなもの。
そして私は金工作家でもあるので、
かたち作りも楽しめるものも。
日常を共にしている
おやつを紹介します。

# この本のレシピについて

できるだけ国産の安心でおいしい素材を使っています。小麦粉や米粉は、山形の農家さんのものを。メープルシロップもよく使いますが、くりかえす家おやつには少し高価なため、甜菜糖を水で煮溶かした、甜菜シロップも併用します。

甜菜シロップを作ったステンレス鍋に、そのまま豆乳や油を加えて泡だて器で混ぜたりもします。

砂糖や油は、そのレシピごとに私がよく使うものを書いていますが、なじみのある材料で置き換えてもかまいません。油は菜種油の他に米油、太白ごま油をよく使います。砂糖は甜菜糖、きび砂糖、黒糖などをその時の気分で使います。

◉この本のおやつの基本

粉類と液体類をそれぞれ別のボウルで混ぜて、その2つをさっくり合わせる方法と、粉に先に油をすり合わせてから、他の液体を合わせる方法があります。

◉液体と油を混ぜる時（乳化）

材料をボウルに入れて、泡だて器で30〜50回、くるくると混ぜ合わせる。とろりとした均一な色の液体になるまで、よく混ぜる。乳化しやすいように、ごく少量の豆乳や、メープルシロップを加えるレシピもあります。

◉焼き時間

焼き時間は、オーブンによって少し変わります。クッキー系はすべて、裏側がきつね色になるまで。焼き上がってオーブンから出したら、天板に置いたまま冷めるのを待って、サクッとさせます。

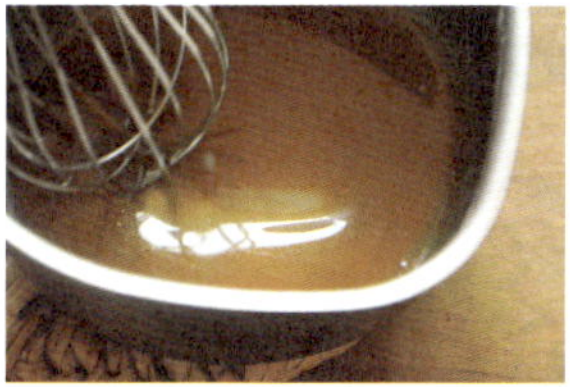

spring

# 春

クッキー

ぼうろ

スコーン

さくら

叩きだしたスプーンの
ぶら下がる台所。

# プレーンクッキー

表面が平らなシンプルクッキーです。表面が滑らかで押し模様をつけやすいので、型抜きを楽しむときに使っています。

材料　作りやすい分量

A
- 薄力粉…110g
- 玄米粉…20g（ない場合は薄力粉を130gに）
- 塩…小さじ1/4

シロップ
- 甜菜糖…30g
- 水…15g
- 菜種油…35g
- メープルシロップ…10g

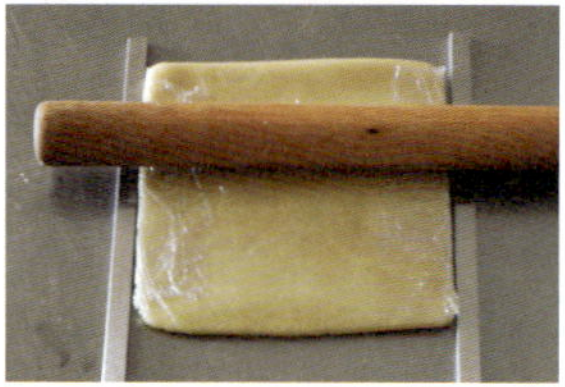

柔らかい生地は、ラップで包みながら伸ばすと扱いやすい。

作り方

1 シロップの材料を小鍋に入れ、ひと煮立ちさせ、鍋をゆすって甜菜糖が溶けたら火を止める。

2 ボウルにAの粉をふるい入れる。

3 1の小鍋にメープルシロップ、菜種油を順に加え、その都度、泡だて器でよく混ぜ合わせる。

4 2に3を入れてゴムベラで切るように混ぜ、ひとまとめにする。

5 ラップに包んで5ミリの厚さにのばし、型抜きするか包丁でカットする。クッキングシートを敷いた天板にのせて、160度のオーブンで10分焼き、150度に下げて10分ほど焼く。クッキーの裏側が少しきつね色になったらオーブンから出し、天板にのせたまま冷ます（ムラになりそうなら、途中で天板の上下左右を替える）。

# 全粒粉クッキー

シンプルな作り方をのせています。
粉の一部をアーモンドパウダーに置き換えても、
より深い味わいになります。

材料 作りやすい分量

A
- 全粒粉…60g
- 薄力粉…40g
- 塩…小さじ1/3
- ベーキングパウダー…小さじ1/4

豆乳…25〜30g
きび砂糖または甜菜糖…25g
好みの植物油…25g
ココナッツファイン(あれば)…5g

作り方

1 Aをボウルにふるい入れ、泡だて器でよく混ぜ、ココナッツファインも加える。

2 別の小さなボウルに豆乳と砂糖を入れ、泡だて器でよく混ぜる。植物油を加えてさらによく混ぜてなめらかな液体にする。

3 1に2を一度に入れ、ゴムベラで切るように混ぜ合わせ、ひとまとめにする。

4 ラップに包んで5〜6ミリ厚にのばして、型抜きするか包丁でカットする。クッキングシートを敷いた天板にのせて、160度に温めたオーブンで8分、150度に下げて7〜10分焼いて天板に置いたまま冷ます(焦げそうなら途中で天板の前後を入れ替える)。

全粒粉クッキー生地を使った、カワチ製菓の定番商品より。おやつの文字の焼印を押した「おやつちけっと」です。

# ジャムサンドクッキー

プレーンクッキーまたは
全粒粉クッキーの生地でできるアレンジです。
焼く前に、半分のクッキーに
好みのジャムをのせてから焼き、
焼きたてのうちにジャムののっていない方のクッキーを
ジャムのクッキーにのせてサンドし、そのまま冷まします。

写真の作品は0.6～0.8ミリの真鍮ですが、ホームセンター等にもある、もっと薄くて柔らかいアルミ板などを金ペンチで曲げれば、ご家庭用のクッキー型になります（切り目はやすり掛けするなど、痛くないようにお気をつけて）。端と端は、テープなどでとめてもいいですが、とめなくてもつなぎ目を持ちながら押して使えます。

# きなこクッキー

日本茶と食べたいおやつです。
さくらの塩漬けを合わせると
さらに春らしくなります。

材料 作りやすい分量

A
- 薄力粉…75g
- きな粉…25g
- 塩…小さじ1/4

甜菜糖…35g
水…20g
菜種油…25g
豆乳…小さじ1

作り方

1 甜菜糖と水を小鍋に入れ、ひと煮立ちさせて鍋をゆすりながら砂糖が溶けたら火を止めてシロップにし、豆乳を加えてひと混ぜしてから冷ます。

2 ボウルに**A**の粉をふるい入れる。

3 1に菜種油を加え、泡だて器でよく混ぜ合わせる。

4 2に3を入れてゴムベラで粉けがなくなるまで混ぜ、ひとまとめにする。ラップに包んで、5ミリの厚さにのばし、好きな型で抜く。

5 160度に温めたオーブンで10分焼き、天板の上下前後を入れ替えて、150度に下げて5〜10分ほど裏側がきつね色になるまで焼く。天板のまま冷ます。

アレンジ

**「さくらきなこクッキー」**

さくらの塩漬け適量をお湯につけて、表面の塩を落としてからクッキングペーパーではさんで水気をとる。クッキー生地の表面に、花1本を縦半分に割いて、飾ってから同じように焼く。

クッキー型で抜くときは大小いろいろな型で楽しむことも多いです。大きさで焼き時間が変わるので、大きいものは裏側の色を見て焼く時間を追加します。冷めてから食べてサクッと感が足りなかったときは、もう一度150度で熱します。

# 白ごましょうがクッキー

しょうがのピリッとした刺激と、
白ごまのプチプチの
香ばしい食感が癖になります。

材料　作りやすい分量

A
薄力粉…60g
全粒粉…40g
好みの砂糖…20g
塩…小さじ⅓

白ごま…15g
菜種油…25g

B
豆乳…25〜30g
しょうが…すりおろし小さじ1と½

作り方

1　ボウルにAの粉をふるい入れ、白ごまも加えて混ぜる。

2　1に菜種油を入れて両手ですり合わせる。

3　別のボウルに合わせたBを、2に入れてゴムベラで粉けがなくなるまで混ぜ、ひとまとめにする。ラップに包んで、5ミリの厚さに伸ばし、1センチの幅にカットして天板に置いてねじる（カットするだけでもOK）。

4　160度に温めたオーブンで15分ほど焼く。

# ぼうろ

小麦のざくっとしたぼうろです。
混ぜるものでアレンジも
いろいろ楽しめます。

材料　18〜20個分

A 薄力粉…100g
　きび砂糖…27g
　塩…小さじ1/4

B 豆乳…25g
　菜種油…35g

仕上げ用のきび砂糖…適量

作り方

1 ボウルにAの粉をふるい入れる。

2 別のボウルにBを入れて、泡だて器でよく混ぜ合わせる。

3 1に2を入れてゴムベラで軽く混ぜる。

4 2センチほどの丸形に手で転がしながら成形し、170度のオーブンで10分焼き、さらに150度で10分ほど裏側を見て少しきつね色になるまで、焼く。

5 冷めたら好みで、ビニール袋に入れたきび砂糖をまぶす。

アレンジ

好みで、1でアールグレー茶葉や、ローストして粗みじん切りにしたくるみ、ココナッツなどを混ぜて成形して、焼く。

# しぼり出しクッキー

軽い食感のしぼり出しクッキーです。
混ぜてから時間がたつと油浮きしてしまうので、
オーブンに入れるまで手早く作業するといいようです。

材料 作りやすい分量

――A 薄力粉…80g
片栗粉…30g
塩…ふたつまみ
甜菜糖…30g
水…20g
――B メープルシロップ…小さじ2
菜種油…40g

作り方

1 甜菜糖と水を小鍋に入れ、鍋をゆすりながらひと煮立ちさせて砂糖が溶けたら火を止め、粗熱をとる。
2 ボウルにAの粉をふるい入れる。
3 1とBを別のボウルに合わせて、泡だて器でよく混ぜ合わせる。
4 2に3を入れてゴムベラで粉けがなくなるまで混ぜ、ひとまとめにする。
5 絞り出し袋に入れて成形する。170度に熱したオーブンで10分焼き、150度に下げて7分ほど、裏側がきつね色になるまで焼く。

アレンジ

5で焼く前に、真ん中を指で押してへこませたところに、ジャムをのせるとロシアンクッキーができます。焼き時間もおなじくらいですが、ジャムによっては焦げやすいので、途中でアルミホイルを上にかぶせて焼く。

kawachiayaka
cokkie
kawachiayaka
cokkie

# スコーン

全粒粉入りの素朴なスコーンです。
しっかりした食感でありながら、
ヨーグルトを使って、中はしっとり。
ジャムや豆腐クリーム（P113）を添えてぜひ。
食感は少しさっぱりしますが、
ヨーグルトは豆乳30gでも置き換え可能です。

材料　約6個分

A
全粒粉…55g
地粉（または薄力粉）…95g
きび砂糖…20g
ベーキングパウダー…小さじ1強
塩…小さじ1/4
好みの植物油…35g

B
ヨーグルト…40g
メープルシロップ…20g

作り方

1　Aの粉をボウルにふるい入れるか、泡だて器で混ぜてダマをなくす。Bは別の小さなボウルに合わせておく。

2　Aのボウルに好みの植物油を一度に入れて、両手で手早くすり合わせてそぼろ状にする。そこにBを加え、ゴムベラで切るように合わせる。粉けがなくなったらひとまとめにして2センチの厚みに平たくし、半分にカットして重ねてまた平たくするのを3〜4回くり返す。

3　2センチの厚みの長方形にのばし、包丁で6等分にカットする。つや出しのために豆乳（分量外）を刷毛で上面に塗り、170度に温めたオーブンで20分焼く。

丸型で抜いてもいいです。

# 玉ねぎのジャム

春には玉ねぎがとても安い時期があるので、たくさん手に入ったときに。

新玉ねぎでも玉ねぎでもどちらでも楽しめます。

お砂糖の量はお好みで加減してください。

多いほどジャムらしくなり、控えめだとサンドイッチに合わせたいペーストのようになります。

作り方

鍋に玉ねぎ200g角切りを入れ、きび砂糖50g（玉ねぎの⅓～¼量）をまぶして混ぜながら30分以上置く。りんごやオレンジの果肉20～40gや、レモン汁などを好みで加え、ふたをして弱火で煮る。柔らかくなったらつぶしながら、焦げつかないよう気をつけて煮つめていく。

# バナナマフィン

焼いているときにスパイスのいい香りがします。
バナナとくるみと五香粉、
昔から好きな組み合わせです。

## 材料 約6個分

**A**
- 薄力粉…100g
- 全粒粉…100g
- 甜菜糖…50g
- アーモンドパウダー…50g
- ベーキングパウダー…小さじ1と1/2
- 塩…小さじ1/3
- 五香粉(なければシナモンでもOK)…小さじ1

- 菜種油…75g
- 豆乳…150g
- バナナ…1本半(120g)
- 飾り用バナナ…5ミリスライス6枚分
- くるみ(ローストして粗みじん切りに)…20g

## 作り方

1 **A**をボウルにふるい入れるか、泡だて器でよく混ぜてふわっとさせる。

2 別のボウルに7ミリにスライスしたバナナを入れて、フォークでつぶす。そこに豆乳、菜種油も入れて泡だて器で均一な色になるまでよく混ぜる。

3 1に2を一度に入れ、ゴムベラで切るように軽く混ぜ合わせ、まだ粉けの残っているうちにくるみも入れてさっくりと混ぜる。

4 マフィンカップを敷くか、植物油を薄く指で塗ったマフィン型に均等に流し入れ、飾り用バナナをのせる。180度に熱したオーブンで20分焼き、160度に下げて10分焼く。

# いちごのせマーブルマフィン

上にいちごをのせて焼きます。オレンジ等でも合います。
生地の一部をココア生地にしてより深い味にしていますが、
プレーン生地のみで作ってもおいしいです。

材料　約6個分

**A**
薄力粉…100g
全粒粉…30g
アーモンドパウダー…30g
ベーキングパウダー
…小さじ1と1/3
塩…小さじ1/4

**B**
豆乳…90g
レモン汁…大さじ1
レモンの皮のすりおろし…少々
菜種油…40g
甜菜糖（好みの砂糖）…40g

**C**
ココア…10g
メープルシロップ…10g

上にのせるいちご
…3個（4等分にカットする）

作り方

1　**A**をボウルにふるい入れる。
2　**B**を別のボウルに入れ、泡だて器でよく混ぜて乳化させる。
3　1に2を入れ、ゴムベラで底からすくいながら切るように混ぜ合わせる。その生地のうち3分の1を取り分けて、**C**を加えて混ぜておく。
4　マフィンカップを敷くか、植物油を薄く塗ったマフィン型にプレーン、ココアの生地をスプーンで流し入れて軽く混ぜ、上にいちごを飾る。180度に熱したオーブンで20分焼き、160度に下げて10分焼く。

# つの巻き（笹巻きゆべし）

東北地方のおやつである笹で結ったゆべし。もち粉を使わず上新粉を使い、甘さも控えめにアレンジしています。包み方は葉を2枚使っても、1枚でただ巻くだけでも。

材料　約15個分

米粉（上新粉）…200g
きび砂糖…60g
醤油…35g
水…180g
くるみの粗みじん切り、ごまなど…50gほど
笹…適量

作り方

1 鍋にきび砂糖、醤油、水を入れて火にかけ、煮立ったら一度火を止めて、米粉を入れて底からよく混ぜる。

2 もう一度弱火にかけて、焦げないように底から混ぜて、1分経ったら火を止める。鍋にふたをして20分むらす。

3 くるみやごまを入れて手でこね、俵形にする。笹はまだ巻かずに、適当な大きさに切ったクッキングシートにくるんで並べ、蒸気の上がった蒸し器で中火で25分ほど蒸す。

4 蒸し上がったら、3を笹で巻き、もう1分ほど蒸す。

# おからドーナツ

おからが家にあるときに、
手軽に作れるおやつです。
焼き上がりの時間を待つことなく
すぐ出来上がるので
子供のおやつにも活躍しています。

材料 作りやすい分量

生おから…50g
薄力粉…50g
きび砂糖…25g
ベーキングパウダー…小さじ1
豆乳または牛乳…40g
揚げ油…適量

作り方

1 ボウルに、生おから、薄力粉、きび砂糖、ベーキングパウダーを加えてよく混ぜ合わせ、豆乳も加えてゴムベラでまとめる。

2 生地を小さいボール状に丸める（あまり大きくすると中まで火が通りにくいので小さめに）。180度の揚げ油で中心に火が通るまで1分弱、色よく揚げる。

3 好みで、ビニール袋にきび砂糖（分量外）を入れて熱いうちにまぶす。

# フライパン型カステラ

ぐりとぐらのカステラのように、
フライパンを型のかわりに。
カステラといっても卵でなく、
豆腐でふんわりとさせたタイプです。
小さなフライパン（持ち手まで鉄のもの）を
丸ごとオーブンに入れます。
ケーキ型やパウンド型で焼いてもOKです。

## 材料

18センチのフライパンの型1個分

A
- 薄力粉…100g
- 全粒粉…20g
- アーモンドパウダー…30g
- ベーキングパウダー…小さじ1と½

- 絹ごし豆腐…100g
- 甜菜糖…30g
- 塩…小さじ⅓
- 菜種油…35g
- 豆乳…50g
- はちみつ…20g

## 作り方

1 ボウルに**A**をふるい入れるか、泡立て器でよく混ぜ合わせてダマをとる。

2 別のボウルに絹ごし豆腐、甜菜糖、塩を入れて泡立て器でぐるぐると、甜菜糖が溶けてなめらかになるまで混ぜる。そこに菜種油、豆乳、はちみつも加えて均一な液体になるようにさらに混ぜる。

3 1のボウルに2を一度に入れてゴムベラで、底からすくうように混ぜ合わせる。

4 油を引いたフライパン（型）に3を入れて、170度に熱したオーブンに入れて30分ほど焼く（竹串を中央に刺して生地がついてこなくなるまで）。上が焦げそうになったら途中でアルミホイルをかぶせる。

まだ息子が2歳のとき、「ぐりとぐら焼けたよ」と見せた瞬間に、中心をわしづかみにされて食べられてしまった写真。

# こいのぼりサモサ

材料 作りやすい分量

【パイ生地】
- A 中力粉…60g
- 　 全粒粉…60g
- B 菜種油…40g
- 　 塩…小さじ1/3
- 　 水…35g

【中身】
- じゃがいも…小2個（250g）
- 玉ねぎ…1/2個（100g）
- さやいんげん（ブロッコリーなどでも）…30g
- C カレー粉…小さじ1/2
- 　 塩…小さじ1/2
- クミンシード…小さじ1
- オリーブオイル…大さじ1/2

三角のサモサ形にするには、生地を4等分して丸めて、ラップに挟みながら1つずつ18センチ強の丸形にのばし、半分にカットして半円にした生地で包む（8個分できる）。オーブンで焼いても、揚げてもおいしい。

## 作り方

［中身を作る］

1 じゃがいもは皮つきのまま中が柔らかくなるまでゆでる。熱いうちに皮をむいてボウルに入れてつぶし、**C**を加えて混ぜる。さやいんげんはさっと塩ゆでして5ミリ幅に切り、じゃがいものボウルに加える。ローストしてみじん切りにしたナッツを加えても。

2 フライパンにオリーブオイルを入れて、みじん切りにした玉ねぎ、クミンシードを透き通るまで炒め、1に加え、冷ます。

［パイ生地を作り、包む］

3 **A**をボウルにふるい入れる。

4 別の小さなボウルに**B**を合わせて、泡だて器で30回くらい混ぜ乳化させる。

5 3に4を一度に入れ、ゴムベラで混ぜ合わせる。粉けがなくなったら、半分に切っては重ねるのを3〜4回繰り返し、まとめる。

6 ラップに包んで3〜4ミリ厚ほどにうすくのばして、包丁で好みの形にカットし、具を包む。

7 とじたところはフォークを押しつけて模様をつけてもいい。ナイフでこいのぼりの模様に切れ目を入れ、カットした生地で目やヒレ部分を作ってのせる。

8 つや出しのための豆乳（分量外）をハケで上面に塗り、クッキングシートを敷いた天板にのせて、180度に温めたオーブンで20分焼く。

揚げずに、オーブンで作る焼きサモサです。端午の節句のモチーフでなかなかかわいいおやつができず、毎年頭をひねっていました。この小さなこいのぼりサモサは、作りやすくコロンと食べやすく、おやつにもおかずにもなるので、毎年の定番になりそうです。

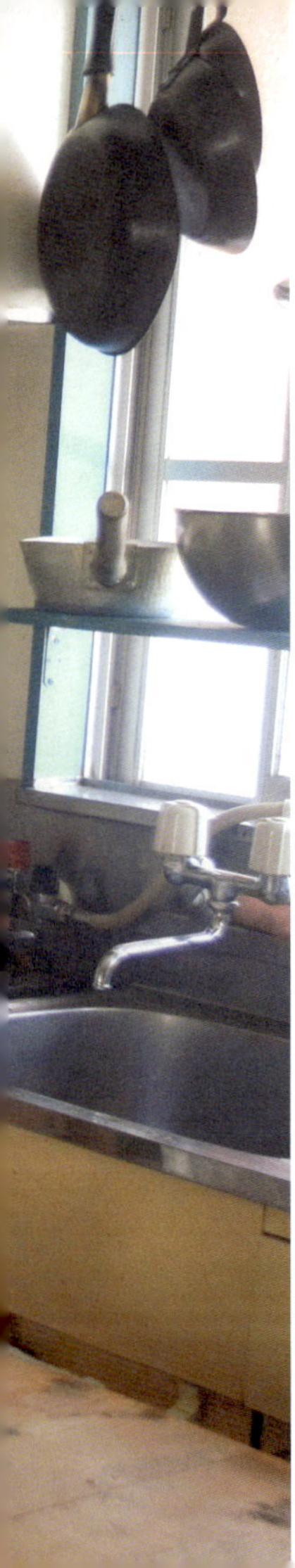

# 夏

Summer

フルーツ

ハーブ

アイスクリーム

ビールにあうクッキー

icecream

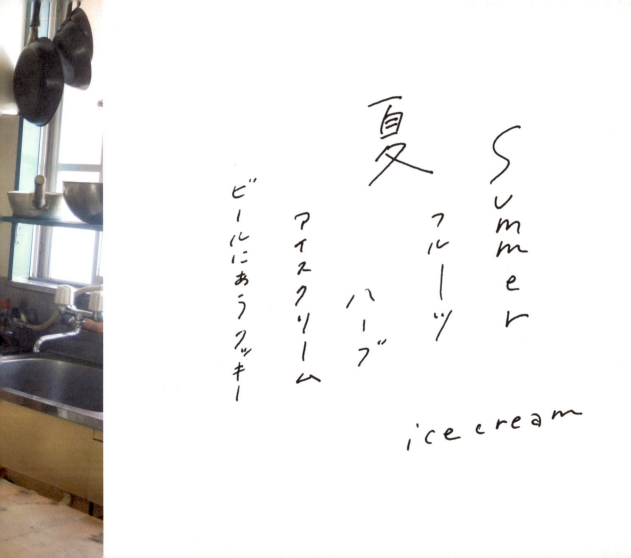

夏は山の中の仕事場で
金工作業しています。

虫の声、蛙の声。

おやつ以外の息抜きは
かんたんな刺しゅうや服づくりです。

# さくらんぼコンポート

6月ごろになると山形では、
よかったらどうぞ、と
さくらんぼはいただくことがあります。
不揃いなものが安くて、つい買ってしまうことも。
生のまま食べるのが一番おいしいと
思っているけれど、食べきれないという
贅沢な現象もおきるので、そんなときには
種取り器で種を取って煮てしまいます。
ヨーグルトやケーキにのせて夏の間楽しみます。

材料 作りやすい分量

さくらんぼ…300g
好みの砂糖…60g
レモン汁…½個分
キルシュ（あれば）…30g

作り方

さくらんぼを洗い、種をとりのぞいて、すべての材料を鍋に入れる。強火にかけ、沸騰したら中火にし、アクをすくいながら10分ほど煮る。煮沸消毒した瓶に入れて冷蔵庫で保存する。

# 梅シロップ

いろいろな作り方がありますが、
完熟梅とお好みの砂糖での作り方です。
狭い台所なのであまり作りすぎず、
500gの梅で暑いうちに
飲み切れるくらいの量を作ります。

材料 作りやすい分量

梅（完熟）…500g
甜菜糖 またはきび砂糖…400g

作り方

1 保存容器（1ℓ）を煮沸消毒しておく。梅を洗い、水気を拭き取り、竹串でヘタをとる。表面に穴を5〜6箇所あける。保存容器に梅→甜菜糖→梅と、交互に敷きつめる。

2 数日経つと果汁が出てくるので、ときどき瓶をゆすって砂糖を溶けやすくする。

3 梅がしわしわになった頃から飲めます。中の梅を取り除き、冷蔵庫で保存します。炭酸水や水などで割っていただきます。

※途中で梅が発酵してしまったら、りんご酢（または酢）を少量加えると抑えられます。

# グラノーラ

そのままでもおやつとして食べられます。
ナッツはこの通りでなくてもあるもので
代用して楽しめます。
塩麹入りの味わい深いタイプ。

材料　作りやすい分量

A
オーツ…100g
アーモンドスライス…30g
かぼちゃの種…20g
ひまわりの種…20g
くるみ…10g
全粒粉（または薄力粉）…20g
甜菜糖…15g

菜種油…20g
黒砂糖（または好みの砂糖）…20g
水…10g
塩…小さじ¼
塩麹…小さじ1弱
レーズン、クランベリーなどのドライフルーツ…適量

作り方

1　**A**をボウルに入れて、手やゴムベラでよく混ぜる。

2　そこに菜種油を一度に入れ、粉けがなくなるまでゴムベラで切るように混ぜる。

3　小鍋に黒砂糖、水を入れて火にかけ、箸などで混ぜながら黒砂糖の粒が見えなくなるまで熱してシロップ状にする。溶けたら塩と塩麹を入れて混ぜる。

4　2に3を加えて、むらなく混ぜて、大きめのオーブンシートを敷いた天板に押しつけながら広げる。

5　160度に温めたオーブンで10分ローストし、オーブンから出して粗熱をとる。スプーンや手で好みの大きさに砕き、軽く混ぜてから150度で10分ほどさらにローストして均一な焼き色になるようにする。焼き上がったらドライフルーツと混ぜて冷ます。

塩麹なしでもおいしいです。その場合、塩を小さじ⅓に増やしたりします。

次ページで作る自家製ドライフルーツと合わせたもの。牛乳や豆乳、ヨーグルトを合わせていただきます。

# 自家製ドライフルーツ

作り方

1　いちご、すもも、キウイなどのフルーツを5ミリ幅にスライスする。

2　クッキングシートを敷いた天板に重ならないように置いて、110度のオーブンで30分ローストし、上下を返してさらに15〜30分ほどローストする。中がジューシーなセミドライにするか、パリッとドライにするか、お好みによって調整します。

フルーツをたくさん買ってしまったときは、早めにオーブンの低温でローストして保存することが多いです。ヨーグルトやグラノーラのトッピングに。

# ローズマリーオートミールクッキー

塩っ気のある大人のクッキー。
1つのボウルに足していくだけです。
冷めてから粗く砕けば、
ローズマリーグラノーラになります。

## 材料　直径6センチ　8～10枚ほど

**A**
- 全粒粉（または薄力粉）…50g
- オートミール…90g
- 甜菜糖…30g
- 塩　小さじ½
- ローズマリーみじん切り…大さじ1（約2枝分）

- 菜種油…35g
- 豆乳…30g
- くるみ…15g

## 下準備

オートミールは細かめに砕く。くるみはローストして粗みじん切り、ローズマリーの葉も粗みじん切りに。生のローズマリーがなければ、ドライローズマリーでもOKです。

## 作り方

1　**A**をボウルに入れてよく混ぜる。そこに菜種油を入れてゴムベラで粉けがなくなるまで混ぜ合わせる。

2　1に豆乳とくるみも入れて、ゴムベラで混ぜる。まとまりづらいようなら豆乳（分量外）をスプーン1杯ずつ足す。

3　クッキングシートを敷いた天板に、大さじ山盛り1杯ずつのせて、押し付けながら平たい丸型に整える。160度に温めたオーブンで20分焼き、天板の前後を替えてもう10分焼く。取り出して天板に置いたまま冷ます。

# ベリークッキー

押し花のようなクッキーです。色鮮やかにするために、焼きすぎないようにオーブンの様子を見ながら取り出すといいようです（焼きすぎるとフルーツが茶色になってしまうので）。裏側がほんのりきつね色になっていたらOKです。砂糖は白っぽい甜菜糖を使っています。

## 材料 作りやすい分量

**A**
- 薄力粉…40g
- 片栗粉…15g
- 米粉…30g
- アーモンドパウダー…15g
- ベーキングパウダー…小さじ¼
- 塩…小さじ¼

**シロップ**
- 砂糖…30g
- 水…15g

**B**
- 豆乳…小さじ1
- 植物油…30g

レモンの皮のすりおろし…小さじ½
冷凍ラズベリー（ほかのベリーでも）…5g〜（少量でOKです）

## 作り方

1 シロップの材料を小鍋に入れ、ひと煮立ちさせて鍋をゆすりながら砂糖が溶けたら火を止める。

2 ボウルにAの粉をふるい入れる。

3 1の小鍋にBを加え、泡だて器でよく混ぜ合わせる。

4 2に3を入れてゴムベラで混ぜ、途中でレモンの皮も加えて混ぜ、粉けがなくなったらひとまとめにし、麺棒で4ミリ厚にのばす。冷凍ラズベリーを手で割って細かくしたものを、キッチンペーパーに間隔をあけて広げる。ペーパーごと生地に押しつけて、軽く果肉の水分を取り、一度だけ軽く麺棒を転がす（転がしすぎると果汁が広がり、こげやすくなります）。

5 好きな大きさに包丁で切れ目を入れる。160度のオーブンで10分焼き、一度出して切れ目で割って広げて、さらに150度で10分ほど焼く。

アレンジ

いちご、キウイなどの生フルーツを使って。フルーツは2～3ミリにできるだけ薄くスライスして、キッチンペーパーで水気を取ってから、焼く前にのせる。

# 酒粕グリッシーニ

塩味のおつまみパンを酒粕で。
クリームチーズをつけたり、
生ハムを巻いてもおいしいです。

材料　作りやすい分量

A
薄力粉…80g
全粒粉…20g
ベーキングパウダー…小さじ½
塩…小さじ½
ブラックペッパー（粗挽き）…少々

酒粕（やわらかいもの）…15g
豆乳…35g
オリーブオイル…25g

作り方

1　酒粕と豆乳を小鍋に入れ、スプーンなどで混ぜながら弱火にかけ、酒粕の固まりがなくなり滑らかになったら火を止めて粗熱をとる。

2　Aをボウルにふるい入れるか、泡だて器でよく混ぜる。

3　1にオリーブオイルを入れて、泡だて器で均一に混ぜ、2のボウルに入れてゴムベラで切るように混ぜて、ひとまとまりにする。

4　ラップに包んで5ミリ厚にのばす。クッキングシートを敷いた天板にのせ、包丁で1センチの幅に切れ目を入れる。160度に温めたオーブンで10分焼いて、一度取り出し、切れ目に包丁を入れて切り落として広げ、オーブンに戻して150度で10分ほど焼く。

# ビーツの塩クッキー

ピンク色の塩味クラッカー。
チーズやアボカドなど
何かをのせることが多いです。
ビールやワインのある食卓にも。

材料 作りやすい分量

A
薄力粉…80g
全粒粉…40g
クミンシード…小さじ1
塩…小さじ½
ベーキングパウダー…ひとつまみ

オリーブオイル…30g
ビーツ（皮をむく）…40g
水…20g

作り方

1 耐熱皿に水といちょう切りにしたビーツを入れてラップをし、電子レンジで3～4分加熱して、フードプロセッサーに入れ、できるだけ細かいみじん切りにする。

2 Aをボウルに合わせて泡だて器でよく混ぜる。そこにオリーブオイルを入れて両手で粉とすり合わせてそぼろ状にする。

3 均一になったら1も加えて混ぜ、ゴムベラ等で固まりを切るようにして均一に混ぜる。まとまりにくければ、水小さじ1～（分量外）を少しだけ混ぜる。

4 ラップに包んで4ミリ以下に薄くのばし、オーブンシートを敷いた天板の上にのせる。塩ふたつまみ（分量外）をパラパラと振り、包丁で切れ目を入れ、フォークで穴をあける。170度に温めたオーブンで10分焼き、切れ目を切り離してから160度に下げたオーブンで10～15分焼く。

# 青しそとライムのクッキー

ライムの香りがさわやかなクッキーです。
青しそは、多めに入れてもおいしいです。

## 材料　作りやすい分量

青しそ(みじん切り)…5〜10枚分
A 薄力粉…100g
　片栗粉…10g
　きび砂糖…25g
　ベーキングパウダー…小さじ¼
　塩…小さじ⅓
豆乳…20g
ライムのしぼり汁
…½個分(小さじ2弱)
菜種油…30g

## 作り方

1 ボウルにAの粉をふるい入れて混ぜる。

2 別のボウルに豆乳とライムのしぼり汁を入れて泡だて器で混ぜ、菜種油も加えてさらによく混ぜる。

3 1に2、みじん切りの青しそも加えて、ゴムベラで切るように混ぜひとまとめにする。ラップに包んで4〜5ミリの厚さに伸ばし、型で抜くか、包丁で切れ目を入れる。

4 160度に温めたオーブンで18分焼く。天板のまま冷ます。

# ミントのクッキー

米粉ベースの白くて軽い食感のクッキー。
裏側がきつね色になれば、
表面は焼き過ぎないくらいが
緑色はきれいに出ます。

## 材料 作りやすい分量

**A**
- 米粉…70g
- 片栗粉…20g
- アーモンドパウダー…35g
- ベーキングパウダー…小さじ1/3

ミント…1枝

シロップ
- 好みの砂糖…25g
- 水…15g

豆乳…小さじ2

**B**
- 米油…40g
- 塩…小さじ1/3

## 下準備

ミントは丸一日自然乾燥させるか、100度のオーブンに5〜10分入れて、パリパリにする。

## 作り方

1 シロップの材料を小鍋に入れ、ひと煮立ちさせ、砂糖が溶けたら火を止め、豆乳を加えて冷ます。

2 ボウルに**A**の粉をふるい入れる。ミントの葉も手でくずしながら入れる。

3 1に**B**を加え、泡だて器でよく混ぜ合わせる。

4 2に3を入れてゴムベラで粉けがなくなるまで混ぜ、ひとまとめにする。

5 ラップに包んで、6ミリの厚さにのばし、型で抜いてクッキングシートを敷いた天板に並べる。160度のオーブンで7分、150度に下げて5分ほど焼く。

# ズッキーニとレモンのケーキ

軽くて食事にもなる夏の定番ケーキです。

材料　17×6センチのパウンドケーキ型1台分

**A**
薄力粉…150g
シナモン…小さじ½
ベーキングパウダー…小さじ1
塩…小さじ½

ズッキーニ…100g
きび砂糖…40g

**B**
溶き卵…1個分
きび砂糖…40g
植物油…60g
レモンの皮の千切り…½個分

作り方

1　ズッキーニは斜め薄切りにしてから、長さ3センチほどのできるだけ細い千切りにし、ボウルに入れて、きび砂糖をまぶしておく。

2　**A**を別のボウルにふるい入れる。

3　**B**の卵をボウルに入れて泡だて器でよく混ぜ、きび砂糖、植物油の順に合わせてその都度よく混ぜる。1のズッキーニとレモンの皮も合わせて混ぜる。

4　2に3を一度に入れ、ゴムベラで底から切るように混ぜる。

5　クッキングシートを敷いたパウンドケーキ型に流し、170度に温めたオーブンで40分焼く。

私は、スライサーで薄くしてから千切りにします。緑のズッキーニでも黄色のズッキーニでも。

朝食や軽食にもぴったりです。

# 生クリームを使わないアイスクリーム

ここで紹介しているアイス3種は、すべて油分を少なめにしているので、冷凍保存して完全に凍ると硬いのですが、食べる直前に少し常温に置いてからスプーンで練り混ぜるか、フードプロセッサーに少しかけると滑らかに食べられます。

# 豆乳はちみつアイスクリーム

重たくないけれど、滑らかで満足感のあるアイスです。

材料 作りやすい分量

A ─ 豆乳…250g
　　粉寒天…小さじ¼
B ─ はちみつ…35g
　　メープルシロップ…25g
　　塩…小さじ⅓
　　菜種油…30g

作り方

1　Aを小鍋に入れて泡だて器でよく混ぜ、火にかける。沸いてきたら弱火にして1分、鍋底が焦げないように木ベラで混ぜながら寒天を溶かす。

2　Bを加えて泡だて器でひと混ぜし、火を止める。

3　氷水で鍋底を冷やしながら、泡だて器で混ぜる。だんだんもったりとしてきたら、バットに流す。

4　冷凍庫に入れ、30分に1回かき混ぜて、ジェラート状になってきたら出来上がり（または密閉保存袋に平たく入れて凍らせてから、2センチ角にしてフードプロセッサーで粉砕してもOK）。

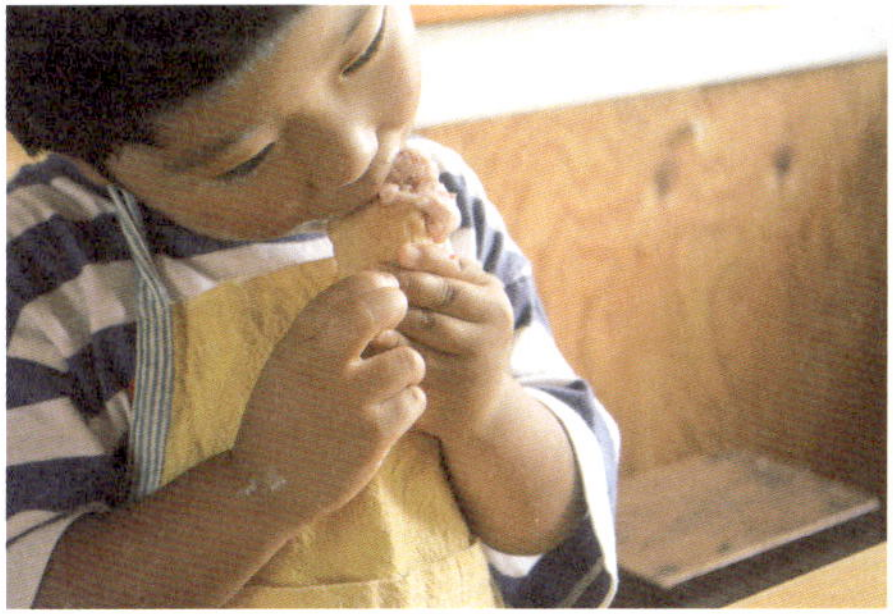

# 甘酒のフルーツアイスクリーム

玄米甘酒（自然食品店によくあります）、または濃縮タイプの甘酒を使った混ぜるだけのアイス。サラサラの液体甘酒だとカチカチになってしまうので、クリーム状のもので。

材料　作りやすい分量

甘酒（クリーム状）…120g
豆乳…200g
レモン汁…小さじ2
ココナッツミルク…20g
きび砂糖…30g
塩…ふたつまみ
いちご（またはラズベリー）…30g

下準備

いちごは半分にカットして密閉保存袋で冷凍しておく。

作り方

1　いちご以外の材料をすべてボウルに入れ、泡立て器でよく混ぜる。

2　保存容器に入れて冷凍庫に入れ、30分〜1時間おきに何度かスプーンでかき混ぜる。滑らかなアイスらしい硬さになったら、冷凍してあったいちごを袋の上からすりこぎなどで粗めに砕き、ざっくりとアイスに混ぜて出来上がり。

# バナナのアイスクリーム

ねっとりとしたバナナのコクは、アイス作りにも活躍します。チョコチップや好きなナッツを入れるのもおすすめです。

## 材料 作りやすい分量

バナナ(皮をむいて冷凍庫で半凍りに)…150g
豆乳(または牛乳)…200g
甜菜糖…30g
植物油…30g
はちみつ…25g
塩…小さじ1/3
くるみ(あれば)…適量

## 作り方

1 豆乳と甜菜糖を鍋に入れて、木ベラでかき混ぜながら中弱火にかけ、甜菜糖が溶けたら一度火を止める。植物油とはちみつ、塩も加えて泡だて器で混ぜながら、再度1分ほど弱火にかける。

2 1の液体が冷めたら、密閉保存袋などに入れてバットに置き、薄く平たくして、凍らせる。

3 2が凍ったら、粗く砕くか包丁でカットして、フードプロセッサーに入れる。半凍りにしておいたバナナも薄切りにして加え、滑らかになるまで回し、保存容器に移して再度冷凍する。ローストしたくるみのみじん切りも入れる。

※フードプロセッサーがなければ豆乳はちみつアイスと同じく、時々かき混ぜながら冷凍してもOK。または保存袋のまま、揉んで滑らかにしても。

# アイスクリームのコーン

香ばしく食べ応えのある手作りのコーンです。
身近なもので模様がつけられるので、
いろいろ試してみてください。コーン形でなくても、
マフィン型に油を塗ってタルト台のように焼いて、
食べられるカップの形にしても楽しめます。

## 材料 4個分

**A**
全粒粉…50g
小麦粉…50g
きび砂糖…15g
塩…小さじ⅓

**B**
菜種油…30g
豆乳…30g

## 下準備

クッキングシートを20×10センチにカットして折り、丸めて三角錐にして自立するようにする。これを4個作る。

## 作り方

1 **A**をボウルに合わせて泡だて器でよく混ぜる。

2 別の小さなボウルにBを合わせ、1に入れてゴムベラで切るように混ぜてひとまとめにする。

3 直径20センチの円形に伸ばしてフォークやマッシャーで模様をつけ、4等分にして扇形を4つ作り（写真上）、クッキングシートで作った円錐に巻きつける。

4 クッキングシートを敷いた天板に立てて置き（写真下）、170度に熱したオーブンで15分ほど、きつね色になるまで焼く。

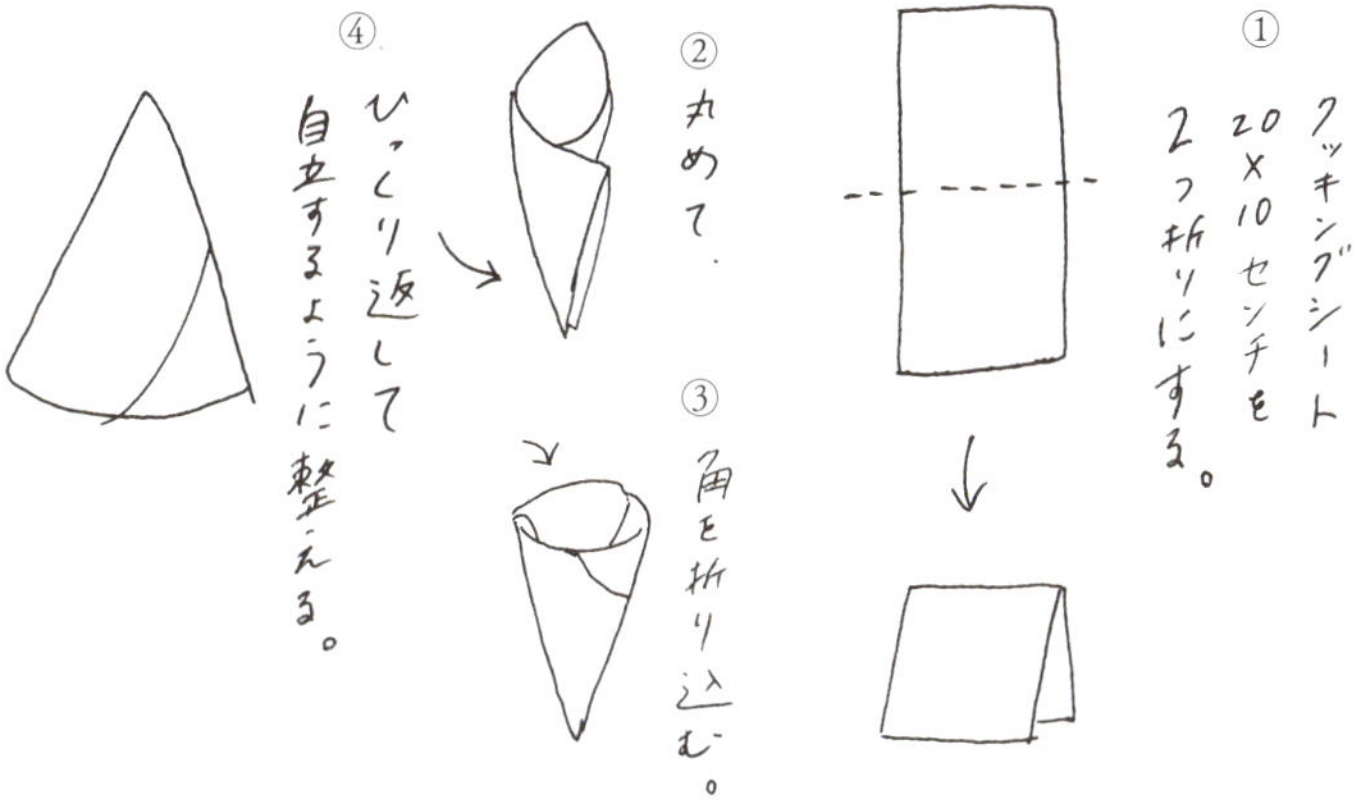

①
クッキングシート 20×10センチを 2つ折りにする。
②
丸めて。
③
角を折り込む。
④
ひっくり返して自立するように整える。

# パンケーキ

ジャムやメープルシロップなどで
トッピングするためのパンケーキなので、
甘さはごく控えめです。
ベーコンやチーズなどの食事にも合います。

材料　2人分

—— A
地粉（または薄力粉）…70g
全粒粉…30g
ベーキングパウダー…小さじ1
塩…小さじ¼

—— B
メープルシロップ…15g
菜種油…10g
豆乳（または牛乳）…150g

作り方

1　ボウルに**A**をふるい入れ、泡だて器でするように混ぜる。

2　**B**を別のボウルに合わせてよく混ぜてから、1のボウルの粉の真ん中にくぼみを作って一度に入れて、泡だて器で粉けがなくなるまで混ぜる。ラップをして30分冷蔵庫に入れて寝かせる。

3　植物油（分量外）をフライパンにうすく引いて強火で1分ほど熱し、油とフライパンをなじませる。キッチンペーパーで余分な油を取る。中弱火に弱めて、生地を流して好きな大きさに焼く。1分ほど焼いて、ふち1センチが乾いてきた頃、ひっくり返して裏面を焼く。

カッテージチーズとメープルシロップを合わせる。パンケーキはいろいろと研究してきました。以前は卵を入れていましたが、卵はむしろベーコンエッグにして添えたい、そして粉そのものの旨味を味わいたく、このレシピで作ることが多くなりました。

作品としてもよく作っている焼印。この息子の顔のものは簡易な作りですが、一生使える名前の焼印とともに作ったもの。木や革や厚紙に押せたり、台所以外でも活躍します。

# 秋

りんご

やさい

ごぼう

そば

まんじゅう

Autumn

稲穂のうなばら

冬をどう乗り切るかを
考える季節。

# りんごのシナモンケーキ

秋冬、くり返し作るケーキです。時季によって、別のフルーツ（すももなど）で置き換えたりもします。

材料　17×6センチのパウンドケーキ型1台分

**A**
薄力粉…100g
全粒粉…30g
アーモンドパウダー…30g
ベーキングパウダー…小さじ1
シナモン…小さじ1

**B**
豆乳…50g
甜菜糖…30g
レモン汁…大さじ1
メープルシロップ…20g
菜種油…50g
塩…小さじ⅓

りんご…1個
（半分は中に入れる用、半分は上にのせる用）

下準備（りんごの下ごしらえ）
中に入れる用の半分は、皮をむいて細かいいちょう切りにする。小鍋に入れ、甜菜糖大さじ1（分量外）を混ぜて10分置いて水分を出してから、弱火にかけてソテーする（耐熱皿にラップしてレンジで熱しても）。柔らかくなったらマッシャーでつぶしてペースト状にする。残りのりんごは上の飾り用にくし形切りにしておく。

作り方

1　**A**をボウルにふるい入れて泡だて器で混ぜる。

2　**B**の豆乳と甜菜糖を別のボウルに入れて泡だて器で混ぜ、甜菜糖を溶かす。**B**の他の材料も加えてさらによく混ぜた後、つぶした煮りんごも加えて混ぜる。

3　1の粉のボウルに、2を一度に入れて、ゴムベラで切るように合わせる。オーブンシートを敷いた型に入れて表面をならし、上にくし形切りのりんごをのせ、180度に温めたオーブンで20〜25分焼く。

アレンジ

りんごの皮やスライスしたりんごをクッキー型で抜いたものを飾って焼いたもの。

# りんごのジャム

紅玉など酸味の強いものがおすすめですが、他のりんごでも。

作り方

1 りんご2個は皮をむいて小さいいちょう切りにする。

2 鍋にりんごと砂糖80g(りんごの重さの5分の1に)、レモン汁大さじ1を入れ軽く混ぜ、30分ぐらい置いて水分を出す。弱火にかけ、沸いてきたら弱火で20分煮込む。

3 りんごが柔らかくなったら、好みでマッシャー等でつぶし、煮沸消毒した瓶に入れて保存する。紅玉の赤いジャムにしたい場合は、2で煮込むときにりんごの上に皮をのせる。皮の色が抜けてきたら、火を止め皮を取り出す。

# りんごのクランブルケーキ

68ページのりんごのシナモンケーキのアレンジ。
上にくるみのクランブルをのせて、さらに食べ応えのある食感です。
マフィン型6個分です。

作り方

1 上にのせるりんご(½個)を6等分のくし形に切っておく。

2 クランブルを作る。小さなボウルに薄力粉20g、クルミのみじん切り15g、甜菜糖15g、塩ひとつまみを混ぜる。菜種油小さじ1を入れてゴムベラでひと混ぜし、豆乳小さじ1も加えて切るように混ぜ、そぼろ状にする。

3 66ページのレシピで作ったケーキ生地をマフィン型に6等分して入れ、上面にクランブルを均等にのせて押し付け、中央にくし形切りのりんごをうずめる。180度のオーブンで25分焼く。

# りんごといちじくのブルーチーズピザ

発酵いらずのお手軽なピザ生地です。焼きたてをぜひ。
私は2枚のうち1枚は、トマトとチーズなど別の味にすることが多いです。

材料　約20センチ角2枚分

A
中力粉(または薄力粉と強力粉半々)…120g
ベーキングパウダー…小さじ½
砂糖…小さじ1
塩…小さじ⅓

B
ヨーグルト…大さじ6
オリーブオイル…大さじ2

オリーブオイル…適量
ブルーチーズ(角切り)、りんご(1個)、いちじく、くるみなど
(トッピングはお好みで)
はちみつ…適量

作り方

1　Aをボウルに入れて泡だて器で混ぜる。

2　Bを別の小さなボウルに入れて、泡だて器でよく混ぜる。1に入れて、ゴムベラで合わせる。滑らかになるまで折りたたみながらこねて、半分に切って、それぞれ丸めてラップに包み、冷蔵庫で20分寝かせる。

3　2の生地を、それぞれ20センチ角くらいにのばし、オリーブオイルを塗り広げ、ブルーチーズ、りんごやいちじくをスライスしたものをのせ、210度に温めたオーブンで15分焼く。

4　焼き上がったらはちみつをスプーンでかけ、炒って粗みじん切りにしたくるみをトッピングする。

# りんごのタルト

飾りはお好みで。大きめのくし形切りでも。
フィリングにはシナモンを入れてもおいしいです。

材料　直径18センチのタルト型1台分

【タルト台】

A
全粒粉…80g
薄力粉…60g
菜種油…50g

B
豆乳…30g
甜菜糖…15g
塩…小さじ⅓

【フィリング】

C
アーモンドパウダー…90g
全粒粉…30g
ベーキングパウダー…小さじ1

D
菜種油…25g
豆乳…40g
甜菜糖…25g
塩…小さじ¼

好きなりんご…1～2個

作り方

［タルト台を作る］

1　**A**をボウルに入れて泡だて器で混ぜる。

2　**B**を別の小さなボウルに入れて、甜菜糖が溶けるまで泡だて器でよく混ぜる。1に入れて、ゴムベラで合わせる。

3　4ミリの厚みにのばして、18センチのタルト台に敷いて、フォークで穴をあけ180度に温めたオーブンで15分空焼きし、冷ましておく。

［フィリングを作る］

4　**C**をボウルに入れて泡だて器で混ぜる。

5　**D**を別の小さなボウルに入れて、甜菜糖が溶けるまで泡だて器でよく混ぜる。

6　4に5を一度に入れて、ゴムベラでさっくりと切るように合わせ、タルト台に流す。

7　りんごを7ミリのくし形に切り、フィリングに刺すように飾り、180度に温めたオーブンで15分焼く。

真ん中にブルーベリーやプルーンを埋めて焼いたもの。

# かぼちゃのタルト

元気なおやつ。焼き上がりにひび割れることもありますが、ナッツを飾ってご愛嬌です。

## 材料　直径18センチのタルト型1台分

【タルト台】

A
- 薄力粉…70g
- 全粒粉…50g
- 好みの砂糖…20g
- 塩…少々
- ココア…10g

B
- 菜種油…40g
- 豆乳…40g
- 塩…小さじ⅓

【フィリング】
- かぼちゃ…240g
- 好みの砂糖…20g
- メープルシロップ…25g
- 白みそ…小さじ2
- 菜種油…小さじ1
- ラム酒…小さじ1
- シナモン…小さじ⅓

【トッピング】（なくてもいい）
- くるみの粗みじん切り…50g
- はちみつ…大さじ1
- かぼちゃの種…少々

## 下準備

タルト型の内側にうすく植物油を塗り、底にオーブンシートを貼り付ける。

## 作り方

［タルト台を作る］

1 Aをボウルにふるい入れる。

2 Bの菜種油と塩をボウルに入れ、豆乳を少しずつ入れて泡だて器でくるくると混ぜ乳化させる。1のボウルに加えてゴムベラで切るように混ぜまとめる。

3 大きめのラップ2枚で挟み、麺棒でタルト台より少し大きめにのばす（4ミリ厚ほど）。

4 上側のラップを外して逆さにしたタルト型を中央にのせてひっくり返し、生地を型の内側に指で押し込む。もう1枚のラップを外して、型からはみ出ている生地をカットする（余った生地はそのままココアクラッカーとして焼いても）。

5 フォークで底面と側面の内側に穴をあけ、170度のオーブンで15分空焼きして冷ましておく。

［フィリングを作る］

6 かぼちゃは乱切りにして柔らかく蒸して皮を取り、ボウルに入れ砂糖を加えてマッシャーなどでつぶす。フィリングの他の材料もすべて加えて滑らかに混ぜる。

7 空焼きしておいたタルト台に入れて表面をならす。トッピングのくるみにはちみつをあえて、かぼちゃの種とともに飾り、170度のオーブンで12分焼いて冷ます。

蒸したかぼちゃの皮もムダなく使いたい時は、みじん切りにして、フィリングの半分に混ぜ、先にタルト台に敷きます。断面も2層になってよりおもしろいです。

# むらさき芋のキャラウェイシードクッキー

野菜×スパイスの米粉クッキー。
他の野菜パウダーに置き換えてもおいしいです。

材料 作りやすい分量

──A
米粉…70g
片栗粉…20g
アーモンドパウダー…25g
むらさき芋パウダー…10g
ベーキングパウダー…ひとつまみ

──シロップ
甜菜糖…30g
水…15g

豆乳…小さじ2
塩…小さじ1/3
米油（または好みの植物油）…35g
キャラウェイシード…小さじ1/2

作り方

1 Aをボウルにふるい入れて泡だて器でよく混ぜる。

2 シロップの材料を小鍋に入れて混ぜながら熱して、甜菜糖が溶けたら火を止めて豆乳を加えて冷ます。

3 2に塩、米油を加えて泡だて器で混ぜ、とろりと乳化させる。

4 3を1に加えてゴムベラで切るように混ぜて、途中でキャラウェイシードも加える。

5 ラップに包んでまとめながら5ミリの厚みにのばして、型で抜く。天板にのせ、160度に温めたオーブンで15〜20分焼き、天板に置いたまま冷ます。

# にんじんのスコーン

にんじんの野性味にクミンシードのスパイスを合わせたもの。クミンシードなしでも、優しい甘さのスコーンになります。豆腐クリームや、カッテージチーズを添えてぜひ。

材料　約6個分

A
薄力粉…90g
全粒粉…30g
アーモンドパウダー…20g
ベーキングパウダー…小さじ1と⅓
シナモン…小さじ½
塩…ひとつまみ
きび砂糖…20g

菜種油…大さじ2
にんじん…80g
塩麹…小さじ1
くるみ…15g
クミンシード（好みで）…小さじ½

下準備

にんじんは角切りにしてフードプロセッサーで細かいみじん切りにする（または鬼おろしなど、水分の出にくいものですりおろす）。くるみはフライパンで炒るか、オーブンで軽くローストしておく。

作り方

1 Aの粉をボウルにふるい入れるか、泡だて器で混ぜてダマをなくす。

2 1に菜種油を一度に入れて、両手で手早くすり合わせてそぼろ状にする。粉けがなくなったら、にんじんと塩麹を加え、指で固まりをつぶすようにして手で折りたたみながら、まとめていく。途中でくるみとクミンシードも加える。

3 粉けがなくなったら2センチの厚みの長方形にのばす。半分にカットして重ねて再度2センチにのばし、包丁で6等分にカットするか、4〜5センチのクッキー型で抜く。180度に温めたオーブンで20分焼く。

# 黒糖のドロップクッキー

ひとつのボウルに混ぜていくだけの、簡単なものです。黒糖の粒が溶けてキャラメルになって、ざっくりとした食感を楽しめます。

材料 18個分

—A 薄力粉…80g
—A 黒糖…30g
——B 菜種油…20g
——B 塩…小さじ¼
——B 豆乳…25g
くるみのみじん切り（白ごまでも）…25g

作り方

1 ボウルにAを入れて泡だて器でよく混ぜる（黒糖は固まってしまっていたらつぶして細かくする）。

2 1のボウルの粉の真ん中にくぼみを作り、Bの菜種油、塩、豆乳を順に入れて、ゴムベラでさっくりと混ぜる。粉けがなくなる前にくるみを入れて混ぜ、まとめる。

3 オーブンシートを敷いた天板に、ティースプーンで生地をすくって丸く落として並べ、180度のオーブンで焼き色がつくまで15〜20分焼く。

# そば粉のクッキー

写真では、厚紙（または薄い金属板）をカーブさせて、テープで巻いた即席の押し型とスプーンの側面で模様をつけています（一応、そばをイメージしています）。
もちろんシンプルなクッキー型や、包丁でカットしても構いません。

材料 作りやすい分量

A
そば粉…65g
薄力粉…30g
アーモンドパウダー…20g
きび砂糖…40g
ベーキングパウダー…ひとつまみ

B
菜種油…30g
豆乳…30g
塩…小さじ1/3

作り方

1 Aをボウルにふるい入れ、泡だて器で混ぜる。

2 Bを別の小さなボウルに入れ、泡だて器でよく混ぜる（乳化させる）。

3 1に2を入れて、ゴムベラで切るように混ぜる。

4 麺棒で4～5ミリの厚みにのばし（まとまりにくければラップに包みながらのばす）、好みの型で模様をつけ、カットする。

5 160度に温めたオーブンで18分焼き、天板のまま冷ます。

# プルーン包みクッキー

ブルーチーズなどを一緒に包んでもおいしいです。

材料　8個分

A
- 薄力粉…40g
- 全粒粉…30g
- そば粉…30g
- アーモンドパウダー…25g
- 塩…小さじ1/3
- ベーキングパウダー…小さじ1/3

B
- 甜菜糖…25g
- 水…15g

- 豆乳…20g
- 菜種油…35g
- プルーン…8個
- くるみ(粗みじん切り)…少々

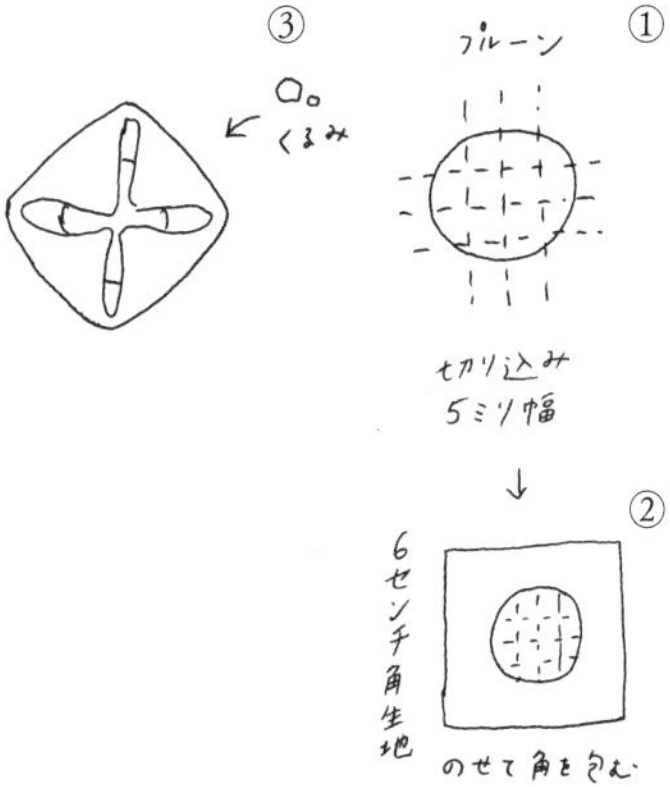


作り方

1 プルーンは、1つずつ縦横に深めの切り込みを5ミリ幅で入れておく(かじりやすいように)。

2 ボウルにAを入れて泡だて器で混ぜ合わせる。

3 小鍋にBを入れて熱し、甜菜糖が溶けたら火を止め、粗熱をとる。

4 2に、豆乳、菜種油を順に入れて泡だて器で均一に混ぜ合わせる。

5 2の粉のボウルに、3の液体を入れる。ゴムベラで底をすくいながら切るように混ぜ合わせる。まとめてラップに置いて包み、麺棒で大きさ12×24センチほどの長方形にのばす。

6 包丁で生地を6センチ角×8枚分にカットし、真ん中にプルーンを1つずつ置き、四隅をたたむように包む。柔らかい生地なので、手の平で包むように丸めながら成形するとやりやすいです。

7 上部分の生地をとじ合わせるようにくるみをのせて軽く押し込み、170度に温めたオーブンで20分焼く。

# 豆腐とヨーグルトのチーズケーキ

水切りする手間があるならクリームチーズを買えばいいのでは、と思われるかもしれませんが、豆腐ベースでも濃厚で満足感のあるケーキです。毎日食べているような素材で、濃厚チーズケーキ！ のようなものが作れる喜びを味わうことが醍醐味だと思います。体にも重たくないのは感じています。

材料　直径18センチのケーキ型1台分

【土台】

**A**
- 全粒粉（または薄力粉）…30g
- オートミール…30g
- 甜菜糖…20g
- 塩…小さじ1/3
- 菜種油…20g

豆乳…10g

【生地】

**B**
- 木綿豆腐…300g
- ヨーグルト（豆乳ヨーグルトでも）…150g
- アーモンドパウダー…40g
- メープルシロップ…35g
- はちみつ…40g
- 白みそ…20g
- 葛粉…15g
- 菜種油…20g
- レモン汁…50g

下準備

ヨーグルトと木綿豆腐は一晩水切りしておく（ヨーグルトはペーパーフィルターなどを使用）。一晩で、木綿豆腐は300g→220gくらいに、ヨーグルトは150g→50gくらいになっているかと思います。

型の底にはオーブンシートを敷き、側面に油を薄く塗っておく。

作り方

［土台を作る］

1　**A**の粉類をボウルに入れ、泡だて器でよく混ぜ合わせる。そこに菜種油、豆乳を順に加えて、ゴムベラで合わせる。型の底に押しながら敷き詰め、160度に温めたオーブンで10分焼き、冷ましておく。

［生地を作る］

2　豆腐は手で崩しながら**B**の他の材料とともにフードプロセッサーでよく混ぜる。

3　1の型に2を流して表面をならし、170度に温めたオーブンで40分焼く（表面の一部だけが焦げるのを避けるために、途中で一度出して前後を入れ替える）。

4　冷蔵庫でしっかり冷やして生地がしまってから、カットする。

# おつまみになる おやつ

酒粕・塩麹を使って

# 酒粕のチーズ

焼くとチーズのような風味になる酒粕。
右ページのように平たく焼けば、
ソフトなチーズ風味クッキーになります。

アレンジ

スープやグラタンのトッピングにも使える粉チーズ風。焼き上がったものをフードプロセッサーにかけるか、そぼろ状のまま焼いて砕く。

材料 作りやすい分量

A
- 米粉または小麦粉…60g
- アーモンドパウダー…35g
- 塩…小さじ½

B
- 酒粕（柔らかいもの）…大さじ1強
- 豆乳…大さじ1
- 白みそ…大さじ1
- 梅酢…大さじ½
- メープルシロップ…大さじ½
- オリーブオイル…大さじ1

作り方

1 Aの粉をボウルにふるい入れてからよく混ぜる。

2 別のボウルでBを合わせる。酒粕に豆乳を加えて泡だて器で滑らかにし、他の材料も加えてよく混ぜる。

3 1に2を合わせて、大きな固まりを切るようにして混ぜ、そぼろ状にする。

4 大きめに広げたラップの中央に3をのせ、四方を包んでぎゅっと押し付け板状に固める。ラップの上から麺棒で20センチ角ほどの大きさにのばす。クッキングシートの上にのせ140度のオーブンで10分、縁だけがきつね色になるくらいまで焼く。手で割るか包丁で切り分ける（焼きが足りなければ、切り分けてからさらに5分〜焼く。表面が焦げやすいので、少しずつ様子を見ながら）。

# カッテージチーズ

牛乳が使いきれないときに作ります。

作り方

1 牛乳500gを鍋に入れて火をつけ、50度くらいに温まったらレモン汁小1個分（35g）を加えてひと混ぜし、煮立たせないくらいに弱火で5分煮る。分離したら火を止め、ざるに敷いたガーゼや、コーヒーフィルター等でしっかり水切りする。

2 クリーム状にする場合は、フードプロセッサーにかけて、塩などで味付けする。私は塩麹小さじ1と、オリーブオイル少々を混ぜて、濃厚になったクリームチーズ状態のものが好きで、スコーンにつけて食べます。ポロポロ状態のままでも、塩と合わせてサラダのトッピングになります。

半量（牛乳250g、レモン汁15g）で作るときにはコーヒーフィルターが便利です。豆乳でもできます（白みそとあえて豆乳チーズクリームになります）。

# 酒粕レーズン

ナッツやチーズと合わせるのが至福です。お酒だけでなく、コーヒーのおともにも。

作り方

1　レーズンと酒粕（柔らかいもの）を同量で混ぜるだけ。一日置くとラムレーズンのような味わいです。

2　そのままではアルコールが強すぎる場合は、酒粕を水少々で練ったものを軽く煮沸してから合わせます。

# 塩麹カラメルナッツ

食事に粉ものが多かった日には、おやつをこのようなものにしたりします。

作り方

1　好みの生ナッツ合わせて100gを、フライパンで炒るか、オーブンでローストする。くるみなら、170度で5分ほど焼いて、大きいものは半分に割る。

2　鍋に甜菜糖15gと水15gを合わせて火にかけて、甜菜糖が溶けたら焦げないように混ぜながら弱火で煮る。トロッとしてきたところで火を止めて、ナッツを一度に入れてかき混ぜ、塩麹小さじ2を加えてさらに混ぜ、オーブンシートを敷いた天板に広げる。120度のオーブンで15〜25分表面を乾燥させて冷ます。

3　シナモンを加えたり、熱いうちにクランベリー、レーズン、オレンジピールなどを合わせてもおいしい。

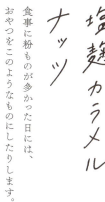

# ごぼうナッツマフィン

作り方1のごぼうナッツだけでも。
つまみ食いの止まらぬおやつになります。

材料　約6個分

A
薄力粉…100g
全粒粉…50g
アーモンドパウダー…50g
ベーキングパウダー…小さじ1
塩…小さじ⅓

豆腐…½丁

B
きび砂糖…40g
豆乳…90g
菜種油…50g

くるみ（5ミリ角）…10g
ごぼう…100g

作り方

1　ごぼうナッツを作る。ごぼうは5ミリの角切りにし、5分水にさらして小鍋に入れ、かぶるくらいの水と合わせて煮た後、水を捨てて、火にかけて水分を飛ばす。一度火を止め、砂糖30g（分量外）、塩ふたつまみ（同）を加えて混ぜながら再び弱火にかける。砂糖が溶けて少し煮詰まってきたところで、くるみも入れて混ぜ、火を止める。オーブンシートにのせて、冷ます。

2　Aをボウルに入れて泡だて器で混ぜる。

3　豆腐を水切りしてフードプロセッサーに入れて滑らかにし、Bもすべて加えてよく混ぜる（フードプロセッサーがない場合は、豆腐をすり鉢で滑らかにしてからボウルに入れ、Bの材料を上から順に加えてなめらかにする）。

4　2に3を入れて、ゴムベラで切るように合わせる。まだ粉っぽさが残っているうちに、1のごぼうナッツの⅔量を入れて、合わせる。6等分してマフィン型に入れ、上にごぼうナッツの残りをのせて、180度に温めたオーブンで20分焼く。

# さつまいものおやつコロッケ

写真は紫と黄色、2種のいもで作ったもの。お弁当にも活躍します。おかずにするときにはレーズンなしがちょうどよさそうです。

材料 作りやすい分量

さつまいも…300g
玉ねぎ（みじん切り）…½個
レーズン（みじん切り）…大さじ2
カルダモンまたはシナモン…小さじ⅓
小麦粉、溶き卵、パン粉、揚げ油…適量

作り方

1 さつまいもは皮ごと茹でて、スッと竹串が通るほどになったら、ボウルに入れて熱いうちにマッシャーでつぶす。

2 フライパンに植物油小さじ1（分量外）を引き、玉ねぎを中火でじっくり炒める。透き通ってきつね色になったら、塩ひとつまみ（分量外）で味付けする。

3 さつまいもに2と、レーズン、カルダモンを入れて混ぜ、一口大の丸形にまとめる。

4 3を1つずつ小麦粉、溶き卵、パン粉の順にまぶし、180度に熱した揚げ油でこんがり揚げる。好みでココナッツパウダーを上にのせる。

# まんじゅう生地

まんじゅうには助けられている。
具次第でおやつにもなるし主食にもなる。

材料　約6個分

A
地粉（中力粉または薄力粉）
…100g
砂糖…小さじ1
ベーキングパウダー…小さじ1
塩…ひとつまみ

豆乳…60g
植物油…小さじ1

作り方

1　ボウルにAを混ぜ合わせる。そこに豆乳と植物油を合わせた液を少しずつ加えて、箸で混ぜてそぼろ状にする。

2　手で軽くこねて丸め、ラップをして冷蔵庫で30分寝かせる。

3　6等分してそれぞれを丸め、打ち粉をした台の上で麺棒で直径8センチほどにのばす。あんこなど、好きな具を包む。

4　包み口を下にして、7センチ角のクッキングシートに1つずつのせる。蒸気の上がった蒸し器に間隔をあけて並べ、強火で10分蒸す。

包む具は、あんこはもちろん、かぼちゃやいもをつぶして味付けしたものなどもよく作ります。95ページのお焼きの具のようなおかずを入れてもいいですし、アレンジは無限です。

子供は丸っこい食べ物が好き。

# お焼き

まんじゅうのアレンジで、
蒸してから焼き目をつけるもの。
香ばしく噛み応えのある食感が
加わります。

材料　約6個分

1　生地は92ページのまんじゅうを少しさっぱりさせたもので、砂糖を半量にして、豆乳を水60gに置き換えます。生地の作り方はまんじゅうと同じ。

2　具（左ページ）を包んで蒸してから、クッキングシートを敷いたフライパンにのせて、焦げすぎないよう注意しながら弱めの中火で両面に焼き目をつける。ごま油を引いて熱したフライパンに、直接押しつけてもいい。

# お焼きの具

具は、切り干し大根やきんぴらなど、そのときにある常備菜でもアレンジを楽しめます。

## ◎なすの肉みそ

材料　約6個分

なす…1本
長ねぎ…½本
しいたけ…2枚
ごま油…大さじ1
みそ…大さじ2
砂糖、酒、みりん…各大さじ1

作り方

1　なす、しいたけは1センチ角に、長ねぎはみじん切りにする。

2　フライパンにごま油を熱し、1を入れてしんなりするまで炒める。

3　みそ、砂糖、酒、みりんを合わせて、2に加えて味付けし、冷ます。

## ◎小松菜くるみ

材料　約6個分

小松菜…1束（130g）
ごま油…小さじ1
酒…小さじ1
砂糖…小さじ2
みそ…小さじ2
くるみ…20g

作り方

1　くるみは、フライパンで軽く炒った後、すり鉢で半ずりにしておく。

2　小松菜は茎は長さ1センチに、葉部分は粗みじん切りにし、熱したフライパンにごま油を入れて炒める。

3　酒、砂糖、みそを合わせたものを2に加えて、水分を飛ばすように炒めてから火を止める。冷めてから1を混ぜる。

# 鬼まんじゅう

私の地元でもある、東海地方のおやつです。
郷土菓子だと知ったのは、
上京してからだったと思います。
そのくらい、家のおやつや、
時々ご飯にもなる食べ物として、
常連の存在でした。
甘さはさらにひかえめにしても。

材料　約6個分

さつまいも…１本（約２５０g）
砂糖…50g
塩…小さじ1/3
小麦粉…１００g

作り方

1　さつまいもは皮をむいて1センチの角切りにし、水にさらしてからボウルに入れる。

2　1に砂糖と塩を入れてよく混ぜ、30分置く。

3　砂糖が溶けたところに水大さじ1と小麦粉を入れて切るように混ぜる。水分が足りなければ水を大さじ1ずつ足す。

4　7センチ角に切ったクッキングシートの上に、丸く収まるようにのせ、蒸気の上がった蒸し器で12分蒸す。

冬

winter

ホリデー

チョコレート

しょうが

Holiday

ある年のクリスマスケーキ。

いちごとクリームは間に挟んで、
上はクッキーを刺すだけ。

冬はおやつの仕事をします。

ジンジャーセーター。

# ジンジャークッキー

クリスマスは派手にはしませんが、ジンジャークッキーの形は遊びたいと思います。ジンジャーマンの他、ミトンやセーター（前ページ）などいろいろな形を楽しみます。押し型で模様をつけてもかわいいです。

材料　作りやすい分量

――A
薄力粉…120g
シナモンパウダー…小さじ1
塩…小さじ¼
――シロップ
甜菜糖…30g
水…15g
――B
豆乳…10g
しょうが汁…小さじ1
菜種油…35g

作り方

1　シロップの材料を小鍋に入れひと煮立ちさせ、鍋をゆすって砂糖が溶けたら火を止め、粗熱をとる。

2　ボウルにAの粉を入れ、泡だて器でよく混ぜる。

3　1の小鍋にBの材料を順に加え、泡だて器で混ぜ合わせて均一にする。

4　2に3を入れてゴムベラで粉けがなくなるまで混ぜ、ひとまとめにする。

5　ラップに包んで5ミリの厚さにのばし、好みの型で抜いてオーブンシートを敷いた天板にのせる。160度のオーブンで15～20分ほど、裏側がきつね色になるまで焼く。天板のまま冷ます。

# 白と黒のクッキー

米粉ベースの、オセロのようなクッキー。
丸めたり型抜きしたり、ストライプにしたり。
粉のボウル2つ、液のボウル1つが
あると作りやすいです。

材料　作りやすい分量

【プレーン生地】

A ―― 米粉…45g
アーモンドパウダー…30g
片栗粉…45g
塩…ひとつまみ

B ―― メープルシロップ…30g
米油（または太白ごま油などの植物油）…35g

【ココア生地】

A ―― 米粉…45g
アーモンドパウダー…35g
片栗粉…30g
ココア…8g
塩…ひとつまみ

B ―― メープルシロップ…35g
米油（または太白ごま油などの植物油）…35g

ココナッツファイン…少々

作り方

プレーン生地、ココア生地をそれぞれ1～3まで同じように作る。

1 ボウルにAの粉をふるい入れる。

2 別のボウルにBの液体を入れて泡だて器で混ぜる。

3 1に2を入れてゴムベラで粉けがなくなるまで混ぜ、ひとまとめにする。

4 好みの形に成形する。ココアのボールは仕上げにココナッツファインをまぶしても。160度に温めたオーブンで10分焼き、150度に下げて10分焼く。厚みのあるものなど、プレーンの裏側がきつね色になっていないものは、もう少し焼き時間を追加する。焼けたものから天板のまま冷ます。

複雑な模様は、同じ厚みにのばした2種の生地を型で抜いたものを、白黒入れ替えて、再度のばしてを繰り返して作ったモザイク生地です。缶に詰めて贈り物にもおすすめです。

# フィグログ

ホリデーシーズンのおやつです。ログ＝丸太の意味。日持ちするので年末年始に少しずつスライスして、ゆっくりいただけます。

材料　長さ15センチ1本分

【生地】

A
- いちじく…40g
- デーツ…30g
- プルーン…20g
- レーズン…20g

はちみつ…10g

【生地に巻き込む素材】

好みのローストナッツ（くるみ、カシューナッツ、ピスタチオなど）…20g

好みのドライフルーツ（写真では断面が華やかになるように、赤すもも、クランベリー、りんごなどを使っています）…10g

作り方

1 Aをすべて粗みじん切りにしてから、フードプロセッサーに入れてペースト状にする。ドライフルーツが硬く、プロセッサーが回りにくいときは、スプーン1杯だけお湯を入れて少し置いてから試す。または、まな板の上で包丁でたたいてペースト状にしてもOKです。

2 1にはちみつを混ぜる。

3 ラップにくるんで、1センチ角ほどの大きさにのばす。別のラップを広げてのせる。

4 ナッツとドライフルーツをすべて5ミリ角ほどにして、3の上に広げる。

5 押し付けながらくるくると巻き、ラップの両端をキャンディーのようにぎゅっとひねって身の詰まった丸太状にする。

6 クッキングシートで巻きなおしてから冷蔵庫で一晩置く（表面が乾燥しないようラップか保存袋等に入れる）。サラミのように薄くスライスして、いただく。

この日は外側にもラフランスのドライフルーツを
押し付けて固めたもの。ワインにも合います。

# 焼かないココアケーキ

デーツのねっとり感を生かした、
濃厚なココアケーキ。
ケーキ形にしなくても、
丸く平たくしてクッキングシートに
挟んで1日置くと、
濃厚ココアクッキーになります。

フィグログと焼かないココアケーキは、両端をぎゅっと絞ってキャンディーのようにして保存します。

材料　2×2×18センチ型1台分

A
カシューナッツ…20g
くるみ…20g

B
ココアパウダー…10g
デーツ（粗みじん切り）…40g
レーズン（粗みじん切り）…20g
ココナッツファイン…10g

作り方

1　Aをボウルに入れてかぶるほどの水を入れ、1晩ほど浸水させる。

2　1の水を捨てて洗い、フードプロセッサーに入れて粉砕し、Bも加えてさらに混ぜる。

3　ペースト状になった2をクッキングシートでくるんで細長い四角型に整える（小さなパウンドケーキ型を使って押し付けてもいい）。冷蔵庫で一晩寝かせて出来上がり。混ぜたばかりのときは柔らかいですが、一晩寝かせると生地が締まりカットしやすくなります。

この写真はココナッツファインではなくシナモン小さじ1/2を混ぜて、上にピスタチオを飾ったもの。いろいろなアレンジを楽しめます。オレンジピールなどもおいしいです。

# 金柑の甘煮

風邪予防にと、作っておくもの。
実家の母もよく作って
送ってくれていました。

材料 気軽に作れる量（倍で作っても）
金柑…200g
砂糖…60～100g

下準備
瓶は煮沸消毒しておく。

作り方

1 金柑は、竹串でヘタをとって洗う。包丁の刃元で縦に5～6本浅い切り込みを入れて、竹串で中の種を取り出す。

2 鍋に金柑と、かぶるくらいの水を入れて火にかけ、沸いてきたら弱火にして、5分ゆでてからザルに上げて、水で洗う。

3 2の金柑を鍋に戻し、砂糖とかぶるくらいの水を入れて、火にかける。

4 沸いたら弱火にし落とし蓋をして15～20分煮る。瓶に入れて冷蔵庫で保存する。

# 金柑のコーンミールケーキ

柑橘とコーンミールの組み合わせが好きで、時々作ります。
金柑は細かく切って生地に入れてもOK。

材料　直径14センチの丸型1台分

A
コーンミール…50g
小麦粉…80g
アーモンドパウダー…40g
ベーキングパウダー…小さじ2/3

B
金柑の甘煮のシロップ
（足りなければメープルシロップ）…50g
豆乳…60g
ラム酒（なくてもいい）…大さじ1
塩…小さじ1/3
植物油…30g

金柑の甘煮…30g

作り方

1　Aをボウルに入れて泡だて器でよく混ぜる。

2　Bを別のボウルに入れて泡だて器で混ぜ、1のボウルに一度に入れてゴムべラで混ぜる。

3　クッキングシートを敷いた型に流し、上に半分に割った金柑の甘煮を飾って、170度に温めたオーブンで30分ほど焼く。

# うちのショートケーキ

ケーキ生地は、アーモンドパウダーを使った食べ応えのある生地です。

材料　直径18センチの丸型1台分

【スポンジケーキ】

A
- 薄力粉…160g
- 全粒粉…60g
- アーモンドパウダー…100g
- ベーキングパウダー…小さじ2
- 塩…小さじ1/3

シロップ
- 甜菜糖…70g
- 水…50g

B
- メープルシロップ…40g
- 豆乳…160g
- 菜種油…40g

作り方

1　シロップの材料を小鍋に入れてひと煮立ちさせ、甜菜糖を溶かしておく。

2　Aをボウルにふるい入れる。

3　Bの液体類と1のシロップを別のボウルに合わせて泡だて器で均一になるまで混ぜて乳化させる。

4　3を2のボウルに一度に入れ、ゴムベラで底から切るように混ぜる。

5　クッキングシートを敷いた型に流し入れ、170度に温めておいたオーブンで40~50分焼く。

写真は豆腐クリームとフルーツで飾ったもの。いちごはこのときかなり大きいものを買ってしまったので、半分に切って切り株のようにしました。

# 豆腐クリーム

スコーンなどにも添える柔らかいクリーム（右ページのように絞り出したいときは、りんごジュース50gと寒天小さじ⅓を煮溶かしたものを熱いうちに2で一緒に撹拌するとしっかりしたクリームになります）。

材料　作りやすい分量

木綿豆腐…300g
メープルシロップ…大さじ1
はちみつ…大さじ2
塩…小さじ⅓
ラム酒（入れなくてもいい）…小さじ1

作り方

1　木綿豆腐を10分茹でてザルに上げ、キッチンペーパーに包み、2時間軽く重しをして、240g以下にする。手で細かくつぶしながらフードプロセッサーに入れて、なめらかになるまで回す。

2　1にメープルシロップ、はちみつ、塩、ラム酒を入れて、プロセッサーの底からゴムベラでかき混ぜながら、なめらかになるまで撹拌する。

# キャロットスパイスケーキ

ケーキというより、ブレッドに近いです。好みでスパイスを多めにしたり、しょうがを入れてもおいしいです。

材料　パウンドケーキ型1台分

**A**
- 薄力粉…150g
- 全粒粉…40g
- アーモンドパウダー…30g
- 塩…小さじ1/3
- ベーキングパウダー…小さじ1と1/2
- シナモン…小さじ1/2
- カルダモンパウダー（あれば）…小さじ1/4

シロップ
- 黒糖（甜菜糖などでもOK）…50g
- 水…25g

**B**
- 豆乳…10g
- 菜種油…50g
- ラム酒…小さじ1

**C**
- にんじん…100g
- レーズン…50g
- オレンジやレモンの皮のすりおろし…小さじ2
- くるみ（ローストして粗みじん切り）…20g

トッピング
- クリームチーズまたは豆腐クリーム（P113）

下準備
にんじんは角切りにしてフードプロセッサーで細かいみじん切りにする（または鬼おろしなど、水分の出にくいものですりおろす）。

作り方

1　シロップの材料を小鍋に入れてひと煮立ちさせる。

2　**A**をボウルにふるい入れて泡だて器で混ぜる。

3　**B**の液体類を1に合わせて、泡だて器で均一になるまで混ぜて乳化させる。

4　3を2のボウルに一度に入れゴムベラで底から混ぜる。粉けの残るうちに**C**も入れて、切るように混ぜる。

5　クッキングシートを敷いた型に流し入れる。170度に温めておいたオーブンで35〜40分焼く。

6　冷めたら、クリームチーズに砂糖適量を入れて練ったものや、豆腐クリームにレモンのすりおろしを入れたものを上にのせる。

# ラムレーズンチョコレートケーキ

ラムレーズンたっぷりの
どっしりした大人のケーキです。

材料　パウンドケーキ型1台分

**A**
- 薄力粉…85g
- 全粒粉…30g
- アーモンドパウダー…35g
- ココアパウダー…25g
- ベーキングパウダー…小さじ2/3

シロップ
- 甜菜糖…110g
- 水…30g

**B**
- 菜種油…60g
- 塩…小さじ1/3
- ラム酒…15g

ラムレーズン(前日に合わせておく)
- レーズン…85g
- ラム酒…15g

作り方

1 シロップの材料を小鍋に入れ、ひと煮立ちさせて鍋をゆすりながら甜菜糖が溶けたら火を止め、粗熱をとる。

2 ボウルに**A**の粉をふるい入れるか、泡だて器でダマがなくなるようによく混ぜる。

3 1の小鍋に**B**を加え、泡だて器でよく混ぜ合わせてとろりと均一な色にする。

4 2に3とラムレーズンを入れてゴムベラで底からすくいながら粉けがなくなるまで混ぜ、オーブンシートを敷いた型に入れる。

5 170度に温めたオーブンで35〜40分焼く。

※カットは完全に冷めてから。焼きたては崩れやすいですが、一日たつと生地がぎっしりと締まってきます。

# ホリデースコーン

シュトーレンをイメージしたスコーンです。
大きめのスコーンで4個分。
小さく作る場合は
焼き時間を少なめにしてください。

材料 約4個分

**A**
薄力粉…130g
全粒粉…80g
アーモンドパウダー…20g
ベーキングパウダー…小さじ1と½
シナモン…小さじ1
クローブ(あれば)…少々

菜種油…65g

シロップ
甜菜糖…30g
水…20g

豆乳…25g
塩…小さじ½

**B**
好みのドライフルーツ(5ミリ角切り)…50g
レモンの皮すりおろし…小さじ½
くるみ(5ミリ角切り)…10g

仕上げ用
ラム酒…小さじ1
はちみつ(またはメープルシロップ)…適宜
粉糖(お好みで)…適宜

作り方

1 シロップの材料を小鍋に入れ、ひと煮立ちさせて甜菜糖が溶けたら火を止め、粗熱をとる。

2 ボウルに**A**の粉をふるい入れるか、泡だて器でダマがなくなるようによく混ぜる。

3 1の小鍋に豆乳と塩を加え、泡だて器でよく混ぜ合わせる。

4 2に菜種油を入れて、両手ですり混ぜてそぼろ状にする。そこに3の液体も入れてゴムベラで底からすくいながら粉けがなくなるまで混ぜ、ひとまとめにしてラップに包む。ラップに包んだまま、20×20センチの大きさにのばす。

5 **B**を別のボウルに合わせて、4の生地の上にのせる。くるくると巻いて、三角柱形にする。4等分にカットして、オーブンシートを敷いた天板にのせる。

6 180度に温めたオーブンで15分焼いて一度取り出し、底になっている面を返して、160度に下げて10分焼く。
お好みで、熱いうちにはちみつとラム酒を合わせたものを塗って、粉糖をまぶす。

# ブルーチーズのビスコッティ

塩気のある大人の堅焼きビスコッティです。

材料　長さ10センチのもの10～12個分

——A——
薄力粉…75g
全粒粉…60g
アーモンドパウダー…30g
塩…小さじ½
ベーキングパウダー
…小さじ1と½

——B——
甜菜糖…45g
水…20g
ブルーチーズ（みじん切り）…15g
豆乳…20g
好みの植物油…15g
くるみ（5ミリのみじん切り）…10g
いちじくやクランベリーなどのドライフルーツ（みじん切り）…25g

作り方

1　Aを合わせてボウルにふるい入れて混ぜる。

2　Bを小鍋に入れてかき混ぜながらひと煮立ちさせ、甜菜糖が溶けたら火を止め、ブルーチーズを加えてつぶしながら溶かし、豆乳も加えて混ぜる。粗熱がとれたら、植物油も加えて泡だて器でよく混ぜる。

3　1に2を一度に入れ、ゴムベラで軽く混ぜ、途中でくるみとドライフルーツも入れて大きな固まりを切るように混ぜる。手ではやっとまとまるくらいなのでラップに包んで麺棒でのばすとまとまりやすい。厚さ2センチ（大きさ13×9センチほど）にのばして、クッキングシートを敷いた天板に置く。

4　150度に温めておいたオーブンで20分焼き、粗熱がとれるまで冷ます。

5　まな板に移してよく切れるパン切りナイフで、1センチ幅にカットする。

6　それぞれ断面を上にして天板にのせ、150度で10分焼き、上下ひっくり返して5～10分焼き、天板のまま冷ます。

# 干し柿のビスコッティ

年始の休みのコーヒー時間の楽しみに、と毎年焼くものです。

作り方

餅形に焼いたお正月用のアレンジです。右ページのレシピ分量で、生地の粉にシナモン少々を加え、ブルーチーズをなしにして、ドライフルーツを干し柿のみじん切りに置き換える。大小のナマコ形にして積み重ねて焼き、1センチ幅にカットして再度焼く。

# ほうれん草蒸しパン

オリーブオイルとクミンを入れて、
甘さ控えめの食事蒸しパンにしていますが、
菜種油に替えて、クミンなしにして、
甘みをもう少し増やすと、
お菓子寄りになります。
小さなマフィン型に入れても。

材料　直径18センチの丸型1台分

ほうれん草…100g

—— A
小麦粉…100g
ベーキングパウダー…小さじ1

—— B
豆乳…80g
オリーブオイル…大さじ1
好みの砂糖…20g
塩…小さじ1/3
クミンシード…小さじ1

作り方

1　ほうれん草は塩（分量外）を入れた熱湯でさっとゆで、冷水にとってから水気を切って、ざく切りにしてミキサーに入れ、Bの豆乳を少しずつ加えて回し、ペースト状にする。

2　Aを大きめのボウルにふるい入れる。

3　1のミキサーにBのその他の材料をすべて入れて回し、2の粉に一度に入れてゴムベラで切るように、粉けがなくなるまで混ぜる。

4　蒸気の上がった蒸し器で、強火で10～15分ほど蒸す。中央を竹串で刺して生地がついてこなくなったら出来上がり。

# 春菊のスコーン

お鍋をする冬、春菊を買うことが多い時期についでに作るスコーンです。

材料　小8個分

A
薄力粉…100g
全粒粉…40g
きび砂糖…20g
ベーキングパウダー…小さじ1強
塩…小さじ⅓
粉チーズ…10g

植物油…30g
豆乳…45g
春菊の葉の部分（みじん切り）…30g
白ごま…大さじ1

作り方

1　Aの粉をボウルにふるい入れるか、泡だて器で混ぜてダマをなくす。

2　1のボウルに植物油を入れて、両手で手早くすり合わせてそぼろ状にする。粉けがなくなったら、豆乳と、春菊のみじん切り、白ごまを加え、ゴムベラで切るように合わせてからひとまとめにする。

3　2センチの厚みにのばし、包丁で8等分にカットする。好みで上にも白ごま（分量外）をのせ、180度に温めたオーブンで15分焼く。

# しょうが糖

寒いときにあると助かるおやつ。刻んでおやつにも入れます。

材料　作りやすい分量

しょうが…130g
甜菜糖…60g

作り方

1　しょうがを皮ごとスライスし、鍋に入れてゆでこぼし、もう一度水を入れて火にかけ、沸騰してから5分煮て、ザルに上げる。

2　鍋に戻して水分を軽く飛ばしてから、甜菜糖を入れて再度火にかける。

3　水分が出てくるので、沸騰させて1分煮た後火を止め、一晩置いてなじませる。出ている水分はしょうがシロップとして取り出す。

4　クッキングシートの上に出して、好みでグラニュー糖（分量外）をまぶし、表面が乾くまで乾燥させる。

クマのトレイにのっているのは、お節に彩りを添え、お口直しにもなるりんごかん。P70のりんごのジャム（紅玉の時季に多めに作っておいたもの）をペーストにして、粉寒天を加えて煮立て、角缶に入れて固めたもの。

# 黒豆のデザート

お節の残りでたっぷり黒豆があるときに。
箸休めとして楽しめる、
さっぱりしたデザートです。
冷蔵庫で冷やせば黒豆ババロアに、
冷凍庫に入れて時々混ぜれば
黒豆アイスになります。

材料 作りやすい分量

黒豆の甘煮…100g
豆乳…100g
粉寒天…小さじ½
ココナッツミルク…100g
植物油…30g
はちみつ…35g
塩…ふたつまみ

作り方

1 黒豆の甘煮はフードプロセッサーにかけてペースト状にする。

2 豆乳と粉寒天を小鍋に入れて泡だて器でよく混ぜ、火にかける。沸いてきたら弱火にして1分、鍋底が焦げないように木ベラで混ぜながら寒天を溶かす。

3 ココナッツミルク、植物油、はちみつ、塩を加えて泡だて器で混ぜ、さらに1も加えてひと混ぜし、火を止める。

4 氷水で鍋底を冷やしながら、泡だて器で混ぜる。だんだんもったりとしてきたら、バットに流す。ここで冷蔵庫に入れればババロアの出来上がり。

アイスにしたいときは、冷凍庫に入れ、30分に1回かき混ぜて、ジェラート状になってきたら出来上がり。油分は少なめなので、完全に凍ると硬いですが、常温に少し出して混ぜると、滑らかになります。

# 大根餅

体を温めるおやつ。
大根がいつも家にある冬によく作ります。入れる具次第で、おかずにもなります。

材料 8〜10個分

大根おろし…150g
片栗粉…20g〜
米粉…45g
塩…少々
ごま油…適量
好みで、桜えび、細ねぎのみじん切り、のり…適量

【たれ】
醤油、酢(甘めにするときは砂糖やみりんでも)を同量で混ぜる

作り方

1 ボウルに、大根おろし、片栗粉、米粉、塩を入れて混ぜる。片栗粉は大根おろしの水分次第で、耳たぶの硬さになるくらいにこねながら調整する。

2 手かスプーンで、平らな丸形にする。

3 ごま油をフライパンに大さじ1ほど入れ、蓋をして蒸し焼きにしながら、両面を焼く。

焼き上がりにフライパンにたれを入れてからめる。たれは別に添えて、つけながら食べてもおいしい。写真は半分に桜えびを、半分に細ねぎのみじん切りを大さじ1ずつ加えて、のりをつけて焼いたもの。

## 川地あや香　Ayaka Kawachi

金工作家、兼お菓子作家。東京芸術大学工芸科にて金工を学んだ後、飲食店勤務を経て2012年に山形県に移住。スプーンや製菓器具など食まわりのものを制作しながら、お菓子用のアトリエも構え「カワチ製菓」としての活動も始める。シンプルで温かみのある金工作品と、滋味深い素朴なお菓子が人気を集める。食や作品制作を中心にした小さな暮らしの記録を、ウェブサイトで日々発信している。

kawachiayaka.com

# おやつとスプーン

2019年12月9日　初版第1刷発行
2020年11月6日　第3刷発行

著者　川地あや香
デザイン　髙橋朱里、菅谷真理子（マルサンカク）
校閲　株式会社鷗来堂
編集　根津かやこ

発行人　三芳寛要
株式会社　パイ インターナショナル
〒170-0005
豊島区南大塚2-32-4
TEL 03-3944-3981
FAX 03-5395-4830
sales@pie.co.jp

印刷・製本　サンニチ印刷株式会社

© 2019 Ayaka Kawachi / PIE International
ISBN978-4-7562-5230-2 C0077
Printed in Japan

本書の収録内容の無断転載・複写・複製等を禁じます。ご注文、乱丁・落丁本の交換等に関するお問い合わせは、小社までご連絡ください。